100 Tipps für mehr Zeit für sich

Das persönliche Zeitmanagement für Arbeit und Freizeit!

2. erweiterte Ausgabe

Von Edward Buth

I0462900

Impressum

100 Tipps für mehr Zeit für sich

Das persönliche Zeitmanagement für Arbeit und Freizeit!

von Edward Buth

Der vorliegende Titel wurde mit großer Sorgfalt erstellt. Dennoch können Fehler nicht vollkommen ausgeschlossen werden. Der Autor und das Team von **www.biohacking24.de** übernehmen daher keine juristische Verantwortung und keinerlei Haftung für Schäden, die aus der Benutzung dieses E-Buches oder Teilen davon entstehen. Insbesondere sind der Autor und das Team von **www.biohacking24.de** nicht verpflichtet, Folge- oder mittelbare Schäden zu ersetzen.

Alle Warennamen werden ohne Gewährleistung der freien Verwendbarkeit benutzt und sind möglicherweise eingetragene Warenzeichen. Der Verlag richtet sich im Wesentlichen nach den Schreibweisen der Hersteller.

Cover-Foto: © Andrey Zyk - Fotolia.com

Das Werk einschließlich aller seiner Teile ist urheberrechtlich geschützt. Jede Verwertung - auch auszugsweise - ist nur mit Zustimmung des Autors/Verlages erlaubt. Alle Rechte vorbehalten.

© 2019 by Wilfred Lindo Marketingberatung / Redaktionsbüro Lindo

Das persönliche Zeitmanagement für Arbeit und Freizeit!

E-Book-Produktion und -Distribution

Redaktionsbüro Lindo

NEU: Die Seite zur persönlichen Optimierung:
www.biohacking24.de

Scan mich! Weitere Ratgeber, die ebenfalls für Sie
interessant sind!

ISBN: **9781091825055**

Imprint: Independently published

Updates für dieses Buch

Sicherlich werden in den nächsten Tagen und Wochen noch weitere Ergänzungen zu Ihrer persönlichen Leistungssteigerung erscheinen. Wir halten Sie natürlich auf dem Laufenden, so dass wir die Inhalte in regelmäßigen Abständen aktualisieren.

Auch wenn Amazon für diese Fälle eine spezielle automatische Aktualisierung bietet, kann es teilweise bis zu sechs Wochen dauern, bis ein einzelner Titel automatisch aktualisiert wird und somit die Leser die neuen Inhalte auch erhalten.

Dies beansprucht immer viel Zeit. Alternativ können Sie, sofern Ihnen bekannt ist, dass es ein Update zu diesem eBook gibt, den Support von Amazon per Mail anschreiben. Ihnen wird dann das Update dieses Buches manuell eingespielt. Dies geschieht meist innerhalb von 24 Stunden.

Update: 100 Tipps für mehr Zeit für sich

Daher tragen Sie sich einfach auf folgender Webseite ein, die wir für unsere Kunden und Leser eingerichtet haben.

Das persönliche Zeitmanagement für Arbeit und Freizeit!

Wir verständigen Sie per E-Mail zeitnah, wenn eine aktuelle Überarbeitung der Inhalte vorliegt. So müssen Sie nicht wochenlang auf ein automatisches Update von Amazon warten. Oder scannen Sie den notwendigen Link per QR-Code direkt ein. Scan mich!

Inhaltsverzeichnis

Impressum 2

Updates für dieses Buch 4

Idee dieses Buches 7

Grundgedanke 9

100 Tipps für mehr Zeit 10

Tipps zur eigenen Optimierung 28

Tipps zur optimalen Nutzung der Zeit 42

Der eigene Arbeitsplatz 63

Tipps für die persönliche Kommunikation 80

Tipps für die Nutzung von Telefon und E-Mail 90

Tipps für die Nutzung der sozialen Netze 105

Weitere Titel und Angebote 118

Wie hat Ihnen dieses Buch gefallen? 124

Hinweis in eigener Sache, Rechtliches, Impressum .. 125

Aktuelles zum Titel 128

Idee dieses Buches

Sowohl für das Privatleben als auch für das berufliche Agieren gilt, besonders sorgsam mit der knapp bemessenen Zeit umzugehen. Immerhin ist die Zeit sehr begrenzt und lässt sich nicht wirklich aufhalten. Für jeden stellt sich daher die einfache Frage, welche sinnvollen Tätigkeiten in der jeweiligen Zeit ausgeübt werden sollen.

Die folgenden 100 Tipps geben dem Leser die einmalige Chance, sich auf das wirklich Wesentliche zu beschränken und möglichst keine Zeit mit unnötigen Aufgaben zu verschwenden. Es werden Wege aufgezeigt, um den persönlichen Umgang mit der Zeit zu optimieren. So gewinnt der Einzelne einfach mehr Zeit für die wichtigen Dinge im Leben.

Das vorliegende Buch unterstützt Sie darin, Ihre eigenen Stärken und Schwächen besser kennenzulernen und diese zu Ihrem Vorteil zu nutzen. Sie finden diverse Ansätze, wie Sie Ihren Arbeitsplatz besser ausnutzen und so keine unnötige Zeit verschwenden, die Sie möglicherweise sonst für Ihre Freizeit hätten nutzen können.

Auch auf die persönliche Kommunikation wird mit diversen Anregungen und Ratschlägen eingegangen. Neben Tipps für das bessere Telefonieren oder den optimierten Umgang mit Ihren elektronischen Nachrichten, finden Sie auch einige Anregungen, wie Sie zukünftig zeitoptimiert in den sozialen Netzen agieren.

Was die folgenden Seiten allerdings nicht leisten können, ist die konkrete Umsetzung der 100 Tipps in Ihrem persönlichen Leben. Dies müssen Sie schon selbst übernehmen. Dabei bleibt es Ihnen überlassen, Tipp für Tipp abzuarbeiten oder nur einzelne Ratschläge für sich einzusetzen.

Ich wünsche Ihnen bei Ihrer persönlichen Zeitplanung viel Erfolg. Dabei hoffe ich, dass Ihnen die eine oder andere Anregung bei Ihrer individuellen Zeitplanung von Beruf und Freizeit behilflich ist.

Viel Erfolg wünscht Ihnen

Edward Buth

Hinweis: Hier geht es nicht nur darum, nur die einzelnen Ratschläge wahrzunehmen, sondern es geht um eine konkrete Umsetzung. Daher geben wir Ihnen zu jedem Tipp die Möglichkeit, Ihre persönlichen Maßnahmen und Ziele zu notieren. Nutzen Sie diese Chance.

Grundgedanke

Zeit ist das wertvollste Gut, das wir besitzen. Es ist eines der meist genutzten Worte in der deutschen Sprache. Zeit ist mehr wert als Geld und muss sorgfältig angelegt werden.

Einen großen Teil Ihrer Lebenszeit verbringen Sie mit Ihrer Arbeit. Bei einem durchschnittlichen Arbeitstag von rund 8 Stunden haben Sie bei einer Dauer von 40 Jahren rund 70.000 Stunden in Ihrem Leben Zeit, das Beste aus Ihrem Berufsleben zu machen.

Haben vielleicht auch Sie trotz dieser vielen Stunden schon mal gesagt: "Ich hatte einfach nicht genügend Zeit?" Haben Sie manchmal das Gefühl, Ihr Tag hat nicht genügend Stunden? Beschleicht Sie manchmal ein Gefühl der Panik, wenn Sie mit einem Blick auf die Uhr feststellen, dass Ihr Arbeitstag schon wieder vorbei ist? Dann haben Sie – wie viele andere auch - ein Problem im Umgang mit der Zeit.

100 Tipps für mehr Zeit

Um Ihr Zeitmanagement zu verbessern, müssen Sie die Tatsache akzeptieren, dass viele Ihrer Probleme in Ihnen selbst zu suchen sind. Akzeptieren Sie, dass Sie Ihre alten Gewohnheiten ablegen müssen und sich einen neuen Arbeitsstil angewöhnen müssen. Das ist nicht leicht, aber unumgänglich.

Die Zeit, die uns zur Verfügung steht, sollte eingesetzt werden, um berufliche und persönliche Ziele zu erreichen. Nur durch effektives Zeitmanagement können Sie ihre täglichen Aufgaben und Aktivitäten bewältigen, ohne sich ständig überfordert und unter Druck zu fühlen. Ausgefeilte Techniken und Methoden sind wichtig, können aber den Eigenantrieb nicht ersetzen. Ohne ein Mindestmaß an Selbstdisziplin geht es also nicht. Dies ist der Anteil, den Sie selbst einbringen müssen - jeden Tag!

Hinweis: Allerdings geht es nicht nur darum, nur die einzelnen Ratschläge wahrzunehmen, sondern es geht um eine konkrete Umsetzung. Daher geben wir Ihnen zu jedem Tipp die Möglichkeit, Ihre persönlichen Maßnahmen und Ziele zu notieren. Nutzen Sie diese Chance.

1. Das wertvollste Gut

Zeit ist ein kostbares und seltenes Gut, das sich unwiderruflich verringert. Für unsere tägliche Arbeit und natürlich auch für unsere Freizeit kann dies nur heißen, dass sie konsequent und effektiv genutzt werden muss. Machen Sie sich diesen Umstand bewusst.

Sie können die Zeit nicht aufhalten. Unaufhörlich verrinnt die Zeit. Aber mit einer besseren Planung haben Sie die Chance, die eigene Zeit optimal zu nutzen, anstatt sich von Terminen beherrschen zu lassen.

Welche Maßnahmen haben Sie konkret geplant?

	Maßnahmen	Erledigt?
1		
2		
3		
4		
5		

	Ergänzungen / Notizen

2. Sorgen Sie für ein besseres Selbstmanagement

Ein gutes Zeitmanagement ist ein leistungsstarkes Instrument der Selbstbestimmung und verhindert, sich permanent von anderen Menschen deren Zeitplan aufdrängen zu lassen. Mit einem guten Zeitmanagement agieren Sie, anstatt nur noch zu reagieren.
Zeitmanagement meint Selbstmanagement: Sie müssen den Umgang mit der Zeit unter eigene Kontrolle bringen.

Welche Maßnahmen haben Sie konkret geplant?

	Maßnahmen	Erledigt?
1		
2		
3		
4		
5		

Ergänzungen / Notizen

3. Planen Sie Ihre Tage

Planen Sie den Arbeitstag exakt und bearbeiten Sie alle Tätigkeiten nach Prioritäten. Beginnen Sie nicht mit den unwichtigen Dingen und zwingen Sie sich, stets die relevanten Aufgaben in den Griff zu bekommen. Sorgen Sie dafür, dass Sie ständig eine komplette Übersicht über alle Aufgaben, Termine und Ziele. Verschaffen Sie sich einen schnellen Zugriff auf alle wichtigen Informationen und Daten.

Welche Maßnahmen haben Sie konkret geplant?

	Maßnahmen	Erledigt?
1		
2		
3		
4		
5		

Ergänzungen / Notizen

4. Zeitmanagement kostet keine Zeit, sondern spart wertvolle Zeit ein

Noch immer kursiert in vielen Köpfen die Meinung, dass eine vernünftige Zeitplanung nur Arbeit und Zeit kostet. Entsprechend verzichten viele Menschen auf ein gutes Zeitmanagement an ihrem Arbeitsplatz und damit auf die Möglichkeit, die ihnen zur Verfügung stehende Zeit effektiver zu nutzen. Doch die Planung der eigenen Zeit ist eine gut angelegte Investition. Fachleute gehen heute davon aus, dass 8 bis 10 Minuten Planung eine Stunde Zeit sparen. Die Vorteile für eine sinnvolle Zeitplanung liegen auf der Hand.

Welche Maßnahmen haben Sie konkret geplant?

	Maßnahmen	Erledigt?
1		
2		
3		
4		
5		

Ergänzungen / Notizen	

5. Neue Ideen zu besseren Ergebnissen

Seinen Sie kreativ. Sie sollten regelmäßig neue Ideen entwickeln, um sich selbst effizienter zu managen. Seien Sie kreativ, wenn es darum geht, die eigenen Fähigkeiten weiterzuentwickeln. Dabei konzentrieren sich nur auf die wichtigen Dinge. So gewinnen Sie Sicherheit im täglichen Arbeitsalltag. Dies gilt aber auch im privaten Umfeld.

Welche Maßnahmen haben Sie konkret geplant?

	Maßnahmen	Erledigt?
1		
2		
3		
4		
5		

Ergänzungen / Notizen

6. Mehr Zeit, weniger Stress

Mehr Zeit haben heißt, weniger Stress haben. Gutes Zeitmanagement verringert die Stressbelastung, da sie nicht mehr Terminen und Aufgaben hinterherhetzen müssen. Sie haben keine Angst, etwas nicht zu erledigen und müssen nicht mehr mit Panik auf die Uhr schauen. Ihre Fehler nehmen ab und Ihr gesamtes Leben gestaltet sich angenehmer.

Welche Maßnahmen haben Sie konkret geplant?

	Maßnahmen	Erledigt?
1		
2		
3		
4		
5		

	Ergänzungen / Notizen

7. Schaffen Sie sich mehr Ausgeglichenheit

Ein sinnvoller Umgang mit der Zeit ermöglicht es Ihnen, ein ausgeglichenes Leben zu führen. Sie haben auf einmal mehr Energie für Ihre Arbeit, aber auch für Ihre Familie und Ihre Hobbys.

Welche Maßnahmen haben Sie konkret geplant?

	Maßnahmen	Erledigt?
1		
2		
3		
4		
5		

Ergänzungen / Notizen

8. Überwinden Sie Ihren eigenen „ Schweinehund"

Viele Probleme im unzureichenden Umgang mit der eigenen Zeit liegen in der menschlichen Natur. Dem produktiven Umgehen mit der Zeit, der Konzentration und planvollen Arbeit steht oft das eigene Ich im Wege. Viele Menschen wollen permanent anderen gefallen und dabei niemanden verletzen. So fällt es vielen beispielsweise so schwer, unangemeldete Besucher wegzuschicken oder eigene Grenzen aufzuzeigen.

Welche Maßnahmen haben Sie konkret geplant?

	Maßnahmen	Erledigt?
1		
2		
3		
4		
5		

Ergänzungen / Notizen	

9. Lernen Sie > Nein < zu sagen

Zudem besteht der Arbeitsalltag häufig aus Tätigkeiten, bei denen sich der Einzelne profilieren will, anstatt eine attraktive Aufgabe an einen geeigneten Mitarbeiter zu delegieren. Wir können in diesem Fall oftmals nicht „nein" sagen, meinen anderen einen Gefallen tun zu müssen und übernehmen Extraaufgaben, die zu immer Überstunden führen müssen. Das Ablegen alter Gewohnheiten gehört zu den schwierigsten Aufgaben im Zeitmanagement.

Welche Maßnahmen haben Sie konkret geplant?

	Maßnahmen	Erledigt?
1		
2		
3		
4		
5		

Ergänzungen / Notizen	

10. Ablegen alter Gewohnheit

Ihre Gewohnheiten und Vorlieben bestimmen Ihren optimalen Umgang mit der Zeit. Daher sollten Sie sich selbst einmal selbst kritisch unter die Lupe nehmen. Häufig sorgen unproduktive Gewohnheiten für eine mangelhafte Zeitplanung.

Welche Maßnahmen haben Sie konkret geplant?

	Maßnahmen	Erledigt?
1		
2		
3		
4		
5		

Ergänzungen / Notizen	

11. An erster Stelle kommen Ihre Aufgaben

Sie bringen häufig eigene Arbeiten nicht zu Ende, da Sie sich ständig von anderen Dingen stören lassen? Sie helfen ständig anderen Mitarbeitern bei deren Arbeit?

Welche Maßnahmen haben Sie konkret geplant?

	Maßnahmen	Erledigt?
1		
2		
3		
4		
5		

Ergänzungen / Notizen

12. Seien Sie kein Arbeitsmagnet

Sie versuchen alle Arbeiten selbst zu verrichten? Sie übernehmen jede Arbeit, die Ihnen angetragen wird? Sie helfen gerne anderen Menschen und vergessen dabei die eigene Arbeit. Dies ist mit Sicherheit der falsche Weg. Konzentrieren Sie sich immer auf das Wesentliche.

Welche Maßnahmen haben Sie konkret geplant?

	Maßnahmen	Erledigt?
1		
2		
3		
4		
5		

Ergänzungen / Notizen

13. Ein übersteigertes Informationsbedürfnis ist nicht produktiv

Noch immer gehen viele davon aus, dass ein Informationsvorsprung nur aus einer Informationsflut resultieren kann. Hinzugesellt sich dann noch die Leidenschaft der Informationssammlung. Die Kunst dabei ist, die wirklich wichtigen Informationen von den unwichtigen Daten zu trennen. Sie müssen nicht alle Fakten kennen. Sie sollten keine Informationen häufen, die Sie nicht wirklich benötigen.

Welche Maßnahmen haben Sie konkret geplant?

	Maßnahmen	Erledigt?
1		
2		
3		
4		
5		

	Ergänzungen / Notizen

14. Legen Sie Ihr übertriebenes Perfektionsstreben ab

Viele Menschen beschäftigen sich mit einer Aufgabe über einen extrem langen Zeitraum, bis sie mit dem Ergebnis hundertprozentig zufrieden sind. Allerdings vergessen sie dabei meist andere Aufgaben und übersehen, dass dieser extrem hohe Qualitätsmaßstab nicht gefordert war. Hier muss immer der Aufwand mit dem zu erzielenden Ergebnis gerechtfertigt sein. Sie müssen nicht immer ein perfektes Ergebnis abliefern. Das Ergebnis muss der gestellten Aufgabe entsprechen.

Welche Maßnahmen haben Sie konkret geplant?

	Maßnahmen	Erledigt?
1		
2		
3		
4		
5		

Ergänzungen / Notizen	

15. Ein extremes Absicherungsbedürfnis hilft nicht weiter

Vielen Menschen sichern sich nach allen Seiten bei ihrer Entscheidung ab, um späteren Nachfragen oder Problemen aus dem Weg zu gehen. Sie versichern sich bei schwierigen Aufgaben immer bei anderen Mitarbeitern? Dies muss nicht sein. Gewinnen Sie mehr Vertrauen in die eigenen Fähigkeiten.

Welche Maßnahmen haben Sie konkret geplant?

	Maßnahmen	Erledigt?
1		
2		
3		
4		
5		

Ergänzungen / Notizen

16. Haben Sie mehr Vertrauen

Häufig wird anderen Mitarbeitern kaum eine korrekte Arbeit zugetraut, entsprechend werden alle Arbeiten nochmals bis ins letzte Detail überprüft. Zu einem guten Zeitmanagement gehört auch Vertrauen und Delegationsbereitschaft.

Auch eine Überschätzung der eigenen Möglichkeiten und Fähigkeiten ist im täglichen Leben nicht wirklich hilfreich. Auch hier ist eine objektive Beurteilung der eigenen Person zwingend notwendig.

Welche Maßnahmen haben Sie konkret geplant?

	Maßnahmen	Erledigt?
1		
2		
3		
4		
5		

Ergänzungen / Notizen

17. Übertriebenes Geltungsbewusstsein

Wer sich ständig auf Sitzungen präsentiert, immer das Wort ergreift und dennoch nicht die geforderte Leistung erbringt, sollte eher auf seine Arbeit blicken als an seinem Prestige arbeiten.

Welche Maßnahmen haben Sie konkret geplant?

	Maßnahmen	Erledigt?
1		
2		
3		
4		
5		

Ergänzungen / Notizen	

Tipps zur eigenen Optimierung

Beginnen Sie mit der Verbesserung Ihres Zeitmanagement. Setzen Sie sich Ziele und entwickeln Sie einen Tagesplan, nur so wissen Sie immer, wo Sie stehen und stehen sollten. Sie sind nicht den Anforderungen anderer ausgeliefert. Analysieren Sie zunächst sich selber, lernen Sie Ihren bisherigen Arbeitsablauf kennen und verbessern und systematisieren Sie ihn. Machen Sie die Schriftlichkeit mit System zu Ihrem Arbeitsprinzip. Lernen Sie Prioritäten setzen und die Arbeiten nach Dringlichkeit zu erledigen. Das sind hohe Anforderungen, für die wir Ihnen in den nebenstehenden Unterkapiteln entsprechende Hilfsmittel an die Hand geben.

18. Die persönliche Zielsetzung

Nur wer seine Ziele definiert, behält in der Hektik des Tagesgeschehens den Überblick, setzt auch unter größter Arbeitsbelastung die richtigen Prioritäten und versteht es, seine Fähigkeiten optimal einzusetzen, um schnell und sicher das Gewünschte zu erreichen.

Beginnen Sie mit der Festlegung Ihrer Ziele. Was wollen Sie erreichen? Wie soll das Ziel erreicht werden? Dann folgen die eigentliche Umsetzung und Organisation der anstehenden Aufgabe. Abschließend folgt die Kontrolle. Hier wird die Ausgangssituation mit dem erreichten Zustand verglichen. Für jede Handlung muss ein Ziel vorhanden sein. Ohne die Festlegung von Zielen können Sie nicht feststellen, ob bestimmte Tätigkeiten erfolgreich waren.

Welche Maßnahmen haben Sie konkret geplant?

	Maßnahmen	Erledigt?
1		
2		
3		
4		
5		

19. Ziele richtig formulieren

Ziele müssen konkret und abrechenbar sein: "Ich will etwas für meine Sprachkenntnisse tun" ist kein Ziel, sondern ein frommer Wunsch. "Ich werde 1x pro Woche einen Englischkurs besuchen" ist ein Ziel. Ziele müssen erreichbar sein. Unerreichbare Ziele untergraben die Arbeitsmoral. Zudem braucht jedes Ziel eine konkrete Frist. Ein Ziel ohne Erledigungsfrist bleibt ein Traum.

Welche Maßnahmen haben Sie konkret geplant?

	Maßnahmen	Erledigt?
1		
2		
3		
4		
5		

Ergänzungen / Notizen	

20. Erstellen Sie eine Ist-Analyse

Um einen Überblick über Ihre Arbeitsweise, den Umfang und die Art der Einzeltätigkeiten zu bekommen, steht am Anfang jeder Organisation die Ist-Analyse. Sie protokollieren alle anfallenden Tätigkeiten mit der jeweiligen Dauer.

Haben Sie nun nach einigen Tagen Ihren typischen Arbeitstag protokolliert, kommen Sie zur Auswertung. Vermutlich werden Sie bei der Auswertung feststellen, dass nur rund 60 % der Arbeiten wirklich geplant und gezielt waren. Der Rest der Zeit ist für unerwartete und spontane Tätigkeiten verloren gegangen. Das heißt, bei einem 8 Stunden-Tag haben Sie nur rund 5 Stunden Zeit, die wichtigen Aufgaben zu erledigen.

Welche Maßnahmen haben Sie konkret geplant?

	Maßnahmen	Erledigt?
1		
2		
3		
4		
5		

21. Eine Liste der Tätigkeiten

Anhand der vorliegenden Liste sollten Sie alle anfallenden Arbeitsschritte für einen Tag zur Hand haben. Sicherlich kostet diese Aufstellung zunächst viel Zeit und Arbeit. Doch Sie werden sehen, dass sich nach kürzester Zeit der Aufwand gelohnt hat.

Natürlich tragen Sie in Ihren Tagesplan auch periodisch wiederkehrende Aufgaben ein. Wenn Sie sich einmal grundsätzlich einen Überblick über Ihre wiederkehrenden Aufgaben verschaffen wollen, tragen Sie Ihre festen Termine in ein Formular ein. Dieses Formular hilft Ihnen dann immer bei der Planung des Tagesablaufs. Vergessen Sie nicht, es in angemessenen Zeiten zu aktualisieren.

Welche Maßnahmen haben Sie konkret geplant?

	Maßnahmen	Erledigt?
1		
2		
3		
4		
5		

22. Die Alpen-Methode

Eine recht einfache Methode, Ihre Tagesplanung zu systematisieren, ist die Alpen-Methode. Wenn Sie die Alpenmethode anwenden, geht Ihre Planung noch ein wenig über die oben beschriebene Liste hinaus (Aktivität, Liste, Priorität, Entscheidung, Nachkontrolle). Gehen Sie bei Ihrer Tagesplanung wie folgt vor: Listen Sie alle Aktivitäten auf (Telefonate, Besuche, Aufgaben, Unerledigtes) und legen anschließend die benötigte Zeit fest. Bauen Sie Pufferzeiten für ungeplante Aktivitäten ein. Treffen Sie Entscheidungen (Prioritäten, Delegation) und sorgen Sie für eine Nachkontrolle und übertragen Sie das Unerledigte auf den nächsten Termin.

Welche Maßnahmen haben Sie konkret geplant?

	Maßnahmen	Erledigt?
1		
2		
3		
4		
5		

Ergänzungen / Notizen	

23. Das Ende der Zettelwirtschaft

Wenn Ihnen diese Planungsvorgaben nicht ausreichen, denken Sie über die Anschaffung eines Terminplaners nach. Mit einer schriftlichen Planung entlasten Sie Ihr Gedächtnis und konzentrieren sich auf das Wesentliche. Hüten Sie sich aber davor, Ihre Tagesplanung auf irgendeinen Zettel zu schreiben. Jeder, der damit beginnt, eine Liste zu erstellen, was er zu tun hat, ist stolz auf sich.

Nehmen Sie Abstand von den To-Do-Listen, aber auch von Zettelchen, Gedächtnisstützen, Notizen auf einzelnem Papier. Alles ist zwar aufgeschrieben, aber es findet sich nichts wieder. Unter dem Druck, schnell etwas notieren zu müssen, beginnt man eine zweite Liste; die Liste bleibt im Büro liegen oder man vergisst sie im Auto, einen neue wird gemacht und nicht mit der alten abgeglichen. Schaffen Sie jede Zettelwirtschaft ab. Besorgen Sie sich ein integriertes Organisationssystem. Hier tragen Sie alles ein, Ihren Tagesplan, Ihre Notizen, Ihre Adressen und Telefonnummern. So werden alle Elemente an einem Ort zusammengeführt.

Welche Maßnahmen haben Sie geplant?

	Maßnahmen	Erledigt?
1		
2		

24. Setzen Sie Prioritäten ein

Der Kerngedanke der Prioritätensetzung besteht darin, die Zeit dort zu investieren, wo sie den größten Nutzen bringt. Ein hilfreiches Instrument ist dabei die ABC-Analyse, wie sie auch in der Organisationsanalyse oder in der Materialwirtschaft üblich ist. Die ABC-Analyse basiert auf der Erfahrung, dass in der industriellen Praxis auf eine geringe Anzahl an Artikeln ein hoher Anteil am Gesamtwert des Materials entfällt. Die ABC-Analyse hilft also, Wichtiges von Unwichtigem zu trennen.

Ordnen Sie alle Aufgaben nach Ihrer Wichtigkeit, in der Reihenfolge ihres Wertes für Ihre Ziele. Beachten Sie dabei, dass Dringlichkeit nichts mit der Wichtigkeit einer Aufgabe zu tun hat.

Listen Sie alle Ihre Aufgaben auf. Bewerten Sie alle Aufgaben und ordnen Sie sie nach einem ABC-Raster ein. A-Aufgaben sind sehr wichtig für Sie und sind nicht delegierbar. B-Aufgaben sind zwar wichtig und bedeutsam, können aber größtenteils delegiert werden. C-Aufgaben haben den geringsten Wert für die Erfüllung Ihrer Funktion, nehmen jedoch erfahrungsgemäß den größten Anteil an der Arbeit ein (Routinearbeiten, Papierkram, Verwaltung etc.). Diese C-Aufgaben sind weniger wichtig und können delegiert werden.

	Maßnahmen	Erledigt?
1		
2		

25. Setzen Sie Mind Mapping ein

Natürlich gibt es noch eine ganze Reihe von weiteren Methoden, die im Bereich von Zeitmanagement und Büroorganisation ansiedeln lassen. Dazu gehört u.a. das Mind Mapping. Im Gegensatz zum klassischen Brainstorming, bei dem die willkürlich gefundenen Begriffe anschließend sortiert werden, wird beim Mind Mapping gleich beim Start eine vernetzte Struktur produziert. Dabei handelt es sich beim Mind Mapping eher um eine Form der Ideenfindung als um ein Planungsinstrument bei der Zeitplanung. Dennoch sind die Einsatzmöglichkeiten vielfältig.

Welche Maßnahmen haben Sie konkret geplant?

	Maßnahmen	Erledigt?
1		
2		
3		
4		
5		

Ergänzungen / Notizen	

26. Wie wäre es mit dem Pareto-Prinzip

Der Pareto-Ansatz beschreibt das statistische Phänomen, wenn eine kleine Anzahl von hohen Werten einer Wertemenge mehr zu deren Gesamtwert beiträgt, als die hohe Anzahl der kleinen Werte dieser Menge.

Daraus leitet sich das Pareto-Prinzip (auch 80-20-Prinzip genannt) ab. Es besagt, dass sich rund 80 Prozent der Aufgaben mit einem Mitteleinsatz von ca. 20 % erledigen lassen. Dieser Ansatz wird in vielen Bereichen herangezogen, auch wenn nicht immer die mathematische Basis dafür gegeben ist.

Welche Maßnahmen haben Sie konkret geplant?

	Maßnahmen	Erledigt?
1		
2		
3		
4		
5		

27. Die Eisenhower-Methode

Diese Methode geht auf die Idee des US-Präsident Dwight D. Eisenhower zurück. Dabei werden alle vorliegenden Aufgaben anhand der Kriterien Wichtigkeit und Dringlichkeit in vier Sparten unterteilt. Alle unwichtigen und nicht dringenden Aufgaben werden nicht erledigt oder delegiert.

Welche Maßnahmen haben Sie konkret geplant?

	Maßnahmen	Erledigt?
1		
2		
3		
4		
5		

	Ergänzungen / Notizen

28. Die besten Tipps funktionieren nur …

Was hilft Ihnen ein Zeitmanagement, wenn Sie nicht aus den Erkenntnissen die entsprechenden Schlüsse ziehen. Die Optimierung der eigenen Zeit ist ein permanenter Zustand! Da Ihr Alltag permanenten Änderungen unterworfen ist, muss auch Ihre Zeitplanung regelmäßig überprüft werden. Daher sollten Sie eine Überprüfung alle 3 bis 5 Monaten vornehmen!

Besonders wichtig ist die permanente Nachkontrolle Ihres Tagesablaufs. Ohne sie ist die ganze restliche Planung zwecklos. Dinge, die Sie nicht erledigen konnten, planen Sie für den nächsten Tag ein.

Welche Maßnahmen haben Sie konkret geplant?

	Maßnahmen	Erledigt?
1		
2		
3		
4		
5		

29. Das Medium ist zweitrang

Sie können natürlich Ihre eignen Tätigkeiten auch auf einem Blatt Papier, einer eigenen Excelvorlage oder auf Ihrem PDA, Tablet-PC oder Smartphone protokollieren. Das Medium ist eigentlich egal. Viel wichtiger ist es, dass Sie Ihre Planung genau und regelmäßig durchführen.

Welche Maßnahmen haben Sie konkret geplant?

	Maßnahmen	Erledigt?
1		
2		
3		
4		
5		

Ergänzungen / Notizen

30. Nochmals zur Erinnerung

Sie haben rund 40 Jahre im arbeitsfähigen Alter. Pro Jahr
haben Sie im Durchschnitt rund 220 Tage. Gehen Sie pro
Tage von 10 Stunden Arbeitszeit aus, so sind dies 80.000
Stunden. Somit ist Zeit ein wirklich kostbares Gut. Für die
tägliche Arbeit kann das nur heißen, dass Sie konsequent
und effektiv mit Ihrer Zeit umgehen müssen!

Welche Maßnahmen haben Sie konkret geplant?

	Maßnahmen	Erledigt?
1		
2		
3		
4		
5		

Ergänzungen / Notizen

Tipps zur optimalen Nutzung der Zeit

Allein durch den intelligenten Umgang mit der Zeit können Sie viel Stress im Vorfeld vermeiden. Vermeiden Sie einfach Tätigkeiten, die einfach nur Zeit kosten und wenig einbringen. Verwechseln Sie dabei Ihre Freizeit nicht mit Zeitfressern. Auch der sinnvolle Einsatz von Pufferzeiten ist ein gutes Instrument, um Ruhe in die Gestaltung des Tages zu bringen.

Welche Maßnahmen haben Sie konkret geplant?

	Maßnahmen	Erledigt?
1		
2		
3		
4		
5		

Ergänzungen / Notizen	

31. Bekämpfen Sie Ihre Zeitdiebe

Sie alle kennen sie, die großen Zeitdiebe, die nur Ihre Zeit kosten und keinerlei Nutzen haben. Die Erfolge der Zeitdiebe beruhen auf mangelnder Zeitplanung und Arbeitsmethodik, schlechtem persönlichen Arbeitsstil, Störungen durch andere, persönliche Schwachstellen und organisatorische Mängel.

Welche Maßnahmen haben Sie konkret geplant?

	Maßnahmen	Erledigt?
1		
2		
3		
4		
5		

Ergänzungen / Notizen

32. So haben Sie einfach mehr Zeit

Wenn Sie es schaffen, einen Teil der Zeitfresser zu bekämpfen, wird es bei Ihnen zu einer deutlichen Leistungssteigerung kommen. Da es jedoch keinen gibt, der Ihre persönlichen Arbeitsprobleme besser kennt als Sie, sollten Sie sich vorab eine stichwortartige Analyse und Problemlösung machen. Notieren Sie Ihre wichtigen Zeitfresser und deren mögliche Ursache. Kennen Sie deren Ursache, so ist der Weg zur Lösung nicht weit.

Welche Maßnahmen haben Sie konkret geplant?

	Maßnahmen	Erledigt?
1		
2		
3		
4		
5		

Ergänzungen / Notizen	

33. Nutzen Sie Pufferzeiten

Legen Sie bei Ihrer Tagesplanung genügend Pufferzeiten fest, die Sie für spontane, unvorhersehbare und soziale Aktivitäten freihalten. Sie bewegen sich in einem wirtschaftlichen und sozialen Umfeld, in dem die Reaktionen und Bedürfnisse anderer Menschen nicht präzise einzuplanen sind. Für ein Telefonat mit Ihrem Kunden oder für eine spontane Aussprache mit einem Ihrer Mitarbeiter muss einfach immer Zeit da sein.

Auch sollten Sie sich bei der Planung von Terminen Pufferzeiten zwischen den Terminen vorbehalten: das Überziehen von festgesetzten Zeiten ist leider keine Seltenheit. Alle anderen Annahmen sind unrealistisch. Durch genügend Raum bei der Terminplanung sparen Sie Nerven, Ärger und verlorene Zeit.

Welche Maßnahmen haben Sie konkret geplant?

	Maßnahmen	Erledigt?
1		
2		
3		
4		
5		

34. Die stille Stunde

Oft wird die eigentliche Arbeit erst nach dem offiziellen Dienstschluss gemacht, weil Sie am Tage durch ständige Störungen nicht dazu gekommen sind. Wer aber Termine mit anderen Personen wahrnimmt, wird meist in dieser Zeit auch nicht gestört. Auf diesem Prinzip basiert die 'Stille Stunde'. Machen Sie jeden Tag einen wichtigen Termin mit sich selbst.

Konzentrieren Sie sich in dieser Zeit auf wichtige A-Aufgaben (siehe ABC-Analyse). Schirmen Sie sich von Störungen ab. Telefonate, Konferenzen und Besucher werden auf einen späteren Termin verlegt. Lassen Sie sich einfach eine Stunde von niemand stören. Sagen Sie es Ihrem Sekretariat oder schalten Sie Ihren Anrufbeantworter ein. Niemand muss ständig erreichbar sein.

Welche Maßnahmen haben Sie konkret geplant?

	Maßnahmen	Erledigt?
1		
2		
3		
4		
5		

35. Achten Sie auf Ihre Leistungskurve

Jeder Mensch ist während eines Tages ständigen biorhythmischen Schwankungen unterworfen. Auch wenn jeder Körper verschieden ist, kann man davon ausgehen, dass bei dem Großteil der Menschen das Leistungshoch am Vormittag erreicht wird. Legen Sie also hier auch die wichtigsten Tätigkeiten oder Termine in diesen Zeitraum.

Welche Maßnahmen haben Sie konkret geplant?

	Maßnahmen	Erledigt?
1		
2		
3		
4		
5		

Ergänzungen / Notizen

36. Arbeiten immer zur passenden Zeit

Der späte Vormittag ist sehr gut für Routine-Tätigkeiten geeignet. Bekanntlich gibt es nach dem Essen einen Leistungseinbruch. Hier sind Sie in der Lage, einfache Routine-Tätigkeiten zu erledigen. Am Nachmittag erfolgt dann nochmals ein Anstieg Ihrer Leistungsfähigkeit. Nutzen Sie diese Phase für wichtigere Aufgaben. Beispielsweise können Sie die Kontaktpflege und Zusammenarbeit erledigen. Im Anschluss daran passen Routine-Aufgaben sehr gut in den Ablauf.

Nutzen Sie die natürlichen Gesetzmäßigkeiten Ihres Körpers für einen sinnvollen Tagesablauf. Nichts ist uneffektiver, als zu versuchen, die wichtigsten Arbeiten während eines Leistungstiefs zu erledigen. Umgekehrt können Sie bei einer Hochphase einen enormen Einsatz und Erfolg verzeichnen. Übertragen Sie die für Sie persönlich ermittelten Werte in Ihren Terminkalender. So haben Sie eine Orientierungshilfe bei der Verteilung Ihrer Aufgaben an Ihrem Arbeitstag.

Welche Maßnahmen haben Sie geplant?

	Maßnahmen	Erledigt?
1		
2		

37. Wie Sie mit Unerledigtes umgehen

Es wird Ihnen immer wieder passieren, dass manche Arbeiten nicht planmäßig erledigt worden sind. Verschaffen Sie sich am Ende eines jeden Tages einen Überblick über die nicht erledigten Aufgaben. Übertragen Sie die einzelnen Tätigkeiten auf den nächsten Tag mit einem festen Termin. Dinge, die nicht festgeschrieben werden, gehen sonst unweigerlich verloren. Zudem hat das Übertragen eine wesentliche Funktion. Bei mehrmaligem Verschieben einer Aufgabe, wollen Sie die Sache endlich vom Tisch haben und Sie erledigen die Aufgabe als Erstes.

Welche Maßnahmen haben Sie konkret geplant?

	Maßnahmen	Erledigt?
1		
2		
3		
4		
5		

38. Bitte keine Störungen

Leider gehören Ablenkungen und Störungen zu unserem normalen Alltag. Machen Sie sich einmal bewusst, wie oft Sie bei einer bestimmten Tätigkeit gestört worden sind. Ob es sich nun um einen unangemeldeten Besuch, ein Telefonat oder eine selbstverschuldete Unterbrechung handelt, immer wird dadurch das Fertigstellen einer Arbeit verzögert. Ihnen geht Zeit für weitere Aufgaben verloren.

Welche Maßnahmen haben Sie konkret geplant?

	Maßnahmen	Erledigt?
1		
2		
3		
4		
5		

Ergänzungen / Notizen	

39. Wie Sie Störungen vermeiden

Grundsätzlich gibt es einige Regeln, die schon im Voraus lästige Störungen reduzieren helfen. Wenn Sie diese Regeln beherzigen, können Sie mit Sicherheit Ihre Arbeiten schneller beenden. Akzeptieren Sie keinen Besucher ohne Voranmeldung. Geben Sie Ihrem Besucher den Tipp, bei unangemeldeten Besuchen immer einen Termin zu vereinbaren. Kommt es trotzdem zu einer Störung, so machen Sie der Person klar, dass Sie nur wenige Augenblicke für Ihn haben.

Welche Maßnahmen haben Sie konkret geplant?

	Maßnahmen	Erledigt?
1		
2		
3		
4		
5		

Ergänzungen / Notizen

40. Störungen auf der Arbeit

Oft werden Sie auch ungebeten durch Mitarbeiter gestört. Pochen Sie darauf, dass allgemeine Fragen gebündelt in einer Sitzung besprochen werden. Lassen Sie sich keine von Ihnen delegierten Aufgaben zurückgeben. Verlangen Sie immer, dass der Mitarbeiter zunächst versucht, das Problem selbst zu lösen.

Welche Maßnahmen haben Sie konkret geplant?

	Maßnahmen	Erledigt?
1		
2		
3		
4		
5		

Ergänzungen / Notizen	

41. Das kleine Wörtchen „ Nein "

Lernen Sie auch mal 'nein' zu sagen. Machen Sie dem Störer klar, dass Sie im Augenblick keine Zeit für Ihn haben oder Sie nicht in der Lage sind, diese Aufgabe sofort zu lösen. Vereinbaren Sie einen Termin.

Welche Maßnahmen haben Sie konkret geplant?

	Maßnahmen	Erledigt?
1		
2		
3		
4		
5		

Ergänzungen / Notizen

42. Störungen sorgen für Stillstand

Deutlich ist zu erkennen, dass Sie bei permanenten Störungen nicht an die Grenzen Ihrer Leistungsfähigkeit gehen können. Nach jeder Störung müssen Sie immer wieder durch eine längere Anlaufzeit zu der nötigen Konzentration kommen.

Welche Maßnahmen haben Sie konkret geplant?

	Maßnahmen	Erledigt?
1		
2		
3		
4		
5		

Ergänzungen / Notizen	

43. Verhindern Sie eine Abnahme der Leistungsfähigkeit

Sogenannte Rüst- und Stillstandszeiten existieren nicht nur in der industriellen Produktion, sondern auch bei der Schreibtischarbeit. Nach jeder Störung benötigen Sie eine Anlaufzeit, bis Sie wieder die volle Konzentration erreichen und sich wieder in die Arbeit vertiefen können. Ständige Unterbrechungen kosten Sie viel Zeit. Ständige Störungen führen unweigerlich zu einer Abnahme der Leistungsfähigkeit.

Welche Maßnahmen haben Sie konkret geplant?

	Maßnahmen	Erledigt?
1		
2		
3		
4		
5		

Ergänzungen / Notizen

44. Sie wollen den Tagesablauf optimieren

Neben einer Vielzahl von Techniken und Methoden muss die Bereitschaft bei Ihnen vorhanden sein, konsequent alle Optimierungen Ihres Tagesablaufs auch über einen längeren Zeitraum beizubehalten. Selbstdisziplin und konsequentes Verhalten sind daher eher der schwierigere Teil bei einem funktionierenden Zeitmanagement. Daher muss zuerst die Einstellung da sein.

Welche Maßnahmen haben Sie konkret geplant?

	Maßnahmen	Erledigt?
1		
2		
3		
4		
5		

Ergänzungen / Notizen

45. Der Start ist ausschlaggebend

Beginnen Sie den Tag mit einem gesunden Frühstück und guter Laune. Meist entscheidet sich der Tag bereits in den ersten Stunden.

Welche Maßnahmen haben Sie konkret geplant?

	Maßnahmen	Erledigt?
1		
2		
3		
4		
5		

Ergänzungen / Notizen

46. Der Stress beginnt schon am Morgen

Versuchen Sie einen pünktlichen Tagesbeginn. Sie müssen eigentlich nicht zu einer bestimmten Zeit am Arbeitsplatz erscheinen. Trotzdem sollten Sie sich eine Zeitplanung auferlegen, an die Sie sich konsequent halten. Sie haben einfach mehr von jedem Tag. Zudem bestehen Ihre Kunden, Mitarbeiter oder Kollegen unter Garantie auf einer pünktlichen Ablieferung der Arbeit oder Ware.

Welche Maßnahmen haben Sie konkret geplant?

	Maßnahmen	Erledigt?
1		
2		
3		
4		
5		

Ergänzungen / Notizen	

47. Mit der Abstimmung starten

Stimmen Sie jeden Morgen Ihren Zeitplan ab. Kommen Sie gleich zu Beginn des Tages in Zeitverzug, so werden Sie den ganzen Tag Ihrer Zeit nachlaufen.

Welche Maßnahmen haben Sie konkret geplant?

	Maßnahmen	Erledigt?
1		
2		
3		
4		
5		

Ergänzungen / Notizen

48. Machen Sie eine Pause

Machen Sie regelmäßig Pausen zur Entspannung. Kleine schöpferische Stopps machen Sie auch über einen langen Arbeitstag hinweg leistungsfähig.

Welche Maßnahmen haben Sie konkret geplant?

	Maßnahmen	Erledigt?
1		
2		
3		
4		
5		

Ergänzungen / Notizen

49. Tagesrückschau halten

Am Ende eines Tages sollten Sie eine Tagesrückschau halten. Fragen Sie sich jeden Tag: Wer oder was hat mich heute an meiner Leistung gehindert? Hätte ich auf bestimmte Aktivitäten verzichten können? Bin ich heute meinen Zielen nähergekommen?

Welche Maßnahmen haben Sie konkret geplant?

	Maßnahmen	Erledigt?
1		
2		
3		
4		
5		

Ergänzungen / Notizen

50. Die Fünf-Finger-Regel

Nehmen Sie sich jeden Abend ein wenig Zeit, um über den vergangenen Tag ein Fazit zu ziehen. Nutzen Sie dazu auch die Fünf-Finger-Regel. Überlegen Sie, was Ihnen gelungen und was weniger erfolgreich gelaufen ist.

Ein sehr einfache aber wirkungsvolle 'Eselsbrücke' bei der täglichen Leistungskontrolle ist die Fünf-Finger-Regel. Jeder Finger stellt dabei einen ganz bestimmten Bereich bei Ihrer Arbeit dar. Daumen: Ihre Denkergebnisse. Zeigefinger: Ihre Zielerreichung. Sind Sie ihren Zielen ein Stück nähergekommen? Mittelfinger: Ihre Mentalität. Wie habe ich mich heute gefühlt? Ringfinger: Ihr Ratgeber. Wem habe ich heute geholfen? Kleiner Finger: Ihr Körper. Was habe ich heute für meinen Körper getan?

Welche Maßnahmen haben Sie konkret geplant?

	Maßnahmen	Erledigt?
1		
2		
3		
4		
5		

Der eigene Arbeitsplatz

Ganz entscheidend für die Effektivität Ihrer täglichen Arbeit ist die Organisation des Arbeitsplatzes. Stapel von Unterlagen schrecken nicht nur Ihre Mitarbeiter, sondern auch Sie selbst ab. Das schnelle Finden von Utensilien und Unterlagen ist ein Garant für das rasche Erledigen von wichtigen Aufgaben.

Welche Maßnahmen haben Sie konkret geplant?

	Maßnahmen	Erledigt?
1		
2		
3		
4		
5		

Ergänzungen / Notizen

51. Ordnung auf dem Schreibtisch

Zunächst sorgen Sie für Ordnung auf Ihrem Arbeitsplatz. Verbannen Sie Bildschirm, Telefon oder Pflanzen von Ihrem direkten Arbeitsbereich und platzieren Sie diese Gegenstände auf einem Beistellplatz. Dabei achten Sie darauf, dass Sie als Rechtshänder das Telefon und die Lichtquelle links von sich haben, um bei einem Telefonat die rechte Hand zum Schreiben frei zu haben und das Licht keine Schatten beim Schreiben wirft. Für Linkshänder gilt natürlich die umgekehrte Anordnung.

Welche Maßnahmen haben Sie konkret geplant?

	Maßnahmen	Erledigt?
1		
2		
3		
4		
5		

Ergänzungen / Notizen	

52. Gutes Licht für die Arbeit

Platzieren Sie den Schreibtisch direkt vor ein Fenster. Natürliches Licht bietet die besten Bedingungen beim Arbeiten. Legen Sie auch Wert auf einen vernünftigen Stuhl. Fünf Rollen, kippbare Rückenlehne und höhenverstellbarer Sitz sind Voraussetzungen für ermüdungsfreies Arbeiten.

Welche Maßnahmen haben Sie konkret geplant?

	Maßnahmen	Erledigt?
1		
2		
3		
4		
5		

Ergänzungen / Notizen

53. Die Ablage immer griffbereit

In unmittelbarer Nähe muss sich ein dreiteiliges Ablagesystem befinden. Hier verteilen Sie die momentan anfallenden Arbeiten nach den Kriterien 'Dringend', 'Wichtig' und 'Ablage'. Dabei sollten Sie stets für eine rasche Leerung der Körbe sorgen und immer mit den wichtigen und dringenden Arbeiten beginnen. Die Ablage sollte delegiert oder in einer freien Minute gemacht werden. Behalten Sie nur Arbeiten auf dem Tisch, die Sie in der nächsten Zeit auch erledigen wollen. Vergessen Sie nicht, in unmittelbarer Nähe einen Papierkorb zu platzieren.

Welche Maßnahmen haben Sie konkret geplant?

	Maßnahmen	Erledigt?
1		
2		
3		
4		
5		

Ergänzungen / Notizen

54. Einsatz von technischen Geräten

Bei richtigem Einsatz von technischen Geräten können Sie Zeit und Arbeit in großem Umfang sparen. Dabei sollten Sie zwei Aspekte berücksichtigen: Die optimale Nutzung der bereits vorhandenen Geräte und die Neuanschaffung von fehlender Ausstattung.

Welche Maßnahmen haben Sie konkret geplant?

	Maßnahmen	Erledigt?
1		
2		
3		
4		
5		

Ergänzungen / Notizen

55. Tablet-PC / Smartphone - Mobile Verfügbarkeit

Ein Handy (Smartphone) oder Tablet-PC sorgt dafür, dass Sie jederzeit für wichtige Gesprächspartner erreichbar sind. Das mobile Büro für unterwegs ist daher eine interessante Investition. Idealerweise verschaffen Sie sich so einen mobilen Zugriff auf alle relevanten Informationen.

Welche Maßnahmen haben Sie konkret geplant?

	Maßnahmen	Erledigt?
1		
2		
3		
4		
5		

Ergänzungen / Notizen

56. In die Jahre gekommen und doch nützlich

Eine weitere, sehr nützliche technische Errungenschaft ist der Anrufbeantworter. Sie sind rund um die Uhr erreichbar, können wichtige Gespräche aufzeichnen und haben immer einen Überblick, wer während Ihrer Abwesenheit angerufen hat. Diese Funktion lässt sich natürlich perfekt über das eigene Smartphone steuern.

Welche Maßnahmen haben Sie konkret geplant?

	Maßnahmen	Erledigt?
1		
2		
3		
4		
5		

Ergänzungen / Notizen	

57. Diktiergerät - Der ständige Begleiter

Ein wirklich gewinnbringender Begleiter ist das Diktiergerät. Machen Sie es zu Ihrem ständigen Sekretär. Nehmen Sie Notizen, Gespräche und Gedanken auf. Alle Informationen, die sich auf dem Band befindet, halten Ihr Gedächtnis frei von unwichtigen Daten und Fakten. Sie haben mehr Raum für wichtige Aufgaben. Bei Vorhandensein eines Sekretariats diktieren Sie Standardbriefe und Anweisungen direkt auf das Band. Natürlich lässt sich auch die Funktion eines Diktiergerätes mittels App auf einem Smartphone realisieren.

Welche Maßnahmen haben Sie konkret geplant?

	Maßnahmen	Erledigt?
1		
2		
3		
4		
5		

	Ergänzungen / Notizen

58. Der richtige Umgang mit dem Diktiergerät

Wer noch nie mit einem Diktiergerät gearbeitet hat, sollte sich einige grundsätzliche Dinge merken. Jeder, der sprechen kann, ist auch in der Lage, dieses Gerät zu bedienen. Auch wenn Ihnen zu Anfang Ihre Stimme ungewohnt vorkommt, der Umgang mit diesem nützlichen Hilfsmittel ist reine Routine. Brechen Sie nicht während des Diktierens ab und lassen Sie sich nicht stören. Legen Sie sich eine klare Struktur für jedes Diktat zu Recht (allgemeine Einleitung, Adressat, Gliederung, eigentlicher Inhalt, Resümee). Diktieren Sie, als wenn Sie sich in einem Gespräch befinden. Nehmen Sie Ihre schriftlichen Notizen zur Hand.

Welche Maßnahmen haben Sie konkret geplant?

	Maßnahmen	Erledigt?
1		
2		
3		
4		
5		

59. Noch immer gut im Einsatz

Fassen Sie die Anschaffung eines Telefaxgerätes ins Auge.
Für die Kosten eines Telefonates können Sie rund um die
Uhr und in die ganze Welt, sämtliche Texte, Grafiken und
Bilder versenden. Zudem erweckt eine Fax-Nachricht
immer den Eindruck von Wichtigkeit und Eile. Nachrichten
kommen viel schneller zum Adressaten als der normale
Brief. Außerdem können die meisten Geräte auch als
Kopiergerät für kleine Mengen genutzt werden. Auch hier
lässt sich eine Fax-Lösung über einen Computer lösen,
allerdings ist dieser meist nicht den ganzen Tag am Netz.

Welche Maßnahmen haben Sie konkret geplant?

	Maßnahmen	Erledigt?
1		
2		
3		
4		
5		

Ergänzungen / Notizen

60. Ein perfektes Informationsmanagement

Die Verfügbarkeit von Informationen der vielfältigsten Art stellt eine unverzichtbare Voraussetzung für die erfolgreiche Arbeit. Dies gilt für jede Art von Arbeitsplatz. So selbstverständlich dies erscheint, so schwierig ist es oftmals, die beste Form der Informationsverwaltung zu finden.

Grundsätzlich müssen hier folgende Fragen geklärt werden: Wo und wie werden die Informationen aufbewahrt? Worüber wird informiert und wer benötigt die Informationen?

Welche Maßnahmen haben Sie konkret geplant?

	Maßnahmen	Erledigt?
1		
2		
3		
4		
5		

61. Mehr Informationen - mit weniger Papier

Sie müssen einen Weg finden, sich in diesem Chaos zurecht zu finden. Das eigentliche Problem bei der Bewältigung der Informationen ist die mangelnde Entscheidung, was mit jedem Blatt, mit jeder Unterlage und mit jeder E-Mail passieren soll. Wer kennt das Phänomen nicht. Sie bekommen die Post vom Tage und unzählige E-Mails. Sortieren die Unterlagen und bilden einen Stapel von Dokumenten, die Sie später nochmals studieren wollen. Dies geschieht natürlich auch mit den digitalen Nachrichten. Sie verschieben einfach die Nachricht in einem Ordner, um diese später zu bearbeiten.

Welche Maßnahmen haben Sie konkret geplant?

	Maßnahmen	Erledigt?
1		
2		
3		
4		
5		

62. Jede Nachricht sofort bearbeiten

Warum lenken Sie nicht gleich beim ersten Kontakt die betreffende Information in die gewünschte Richtung? Ordnen Sie ankommende Information sofort in eine der vier Bereiche zu: 1. Die Information wandert in die Ablage. 2. Die Information wird weitergeleitet. 3. Die Information wandert in den Papierkorb. 4. Die Information wird an einem späteren Zeitpunkt bearbeitet. So bekommen Sie schnell Ordnung in Ihre Papierflut und fassen jede Unterlage möglichst nur einmal an.

Welche Maßnahmen haben Sie konkret geplant?

	Maßnahmen	Erledigt?
1		
2		
3		
4		
5		

Ergänzungen / Notizen

63. Kommunizieren ohne Papier

Versuchen Sie so oft wie möglich, papierlos zu kommunizieren. Nutzen Sie E-Mail, wenn Sie die technischen Voraussetzungen haben. Sie sparen Zeit, Papierablage und profitieren von einer prompten und direkten Kommunikation.

Welche Maßnahmen haben Sie konkret geplant?

	Maßnahmen	Erledigt?
1		
2		
3		
4		
5		

Ergänzungen / Notizen

64. Warum nicht gleich delegieren?

Die Unfähigkeit zur Delegation ist eine der Hauptursache für Arbeitsüberlastung. Dabei ist die Delegation eine Schlüsseltätigkeit für alle Tätigkeitsbereiche. Dies gilt auch für den privaten Bereich. Delegation dient nicht nur der Entlastung von Routine- und Detailaufgaben. Es werden auch die Fachkenntnisse und Erfahrungen besser genutzt.

Welche Maßnahmen haben Sie konkret geplant?

	Maßnahmen	Erledigt?
1		
2		
3		
4		
5		

Ergänzungen / Notizen

65. Bei jeder Entscheidung neu entscheiden

Entscheiden Sie bei jeder Aufgabe neu: "Muss ich diese Tätigkeit selbst ausführen oder kann sie von einem Mitarbeiter oder einer anderen Person erledigt werden?". Delegieren Sie auch mittel- und langfristige Aufgaben, die Ihre Mitarbeiter motivieren und fachlich fördern können.

Welche Maßnahmen haben Sie konkret geplant?

	Maßnahmen	Erledigt?
1		
2		
3		
4		
5		

Ergänzungen / Notizen	

Tipps für die persönliche Kommunikation

Das A und O für ein funktionierendes Zusammenarbeiten mit Mitarbeitern, Kunden und externen Dienstleistern ist eine optimale Kommunikation. Dabei birgt das „Überangebot" von Informationen auch seine Gefahren. Der moderne Mensch ist heute rund um die Uhr erreichbar. Ob per Smartphone, E-Mails oder vergleichbare Medien, Sie sind 24 Stunden am Tag für jeden erreichbar.

Wer intelligent mit seiner Kommunikation umgeht, schafft sich Freiräume für sein Privatleben oder andere wichtige Dinge. Zumal sich besonders in den letzten Jahren die Kommunikation dramatisch verändert hat. Längst gehört der Griff zum Smartphone zu den ersten und den letzten Aktivitäten am Tage. Jeder kleinste Zeitraum wird zur Abfrage von SMS, E-Mails oder anderen Nachrichten genutzt. Der Einzelne ist fast zu jedem Zeitpunkt erreichbar und umgekehrt kann jeder permanent auf Informationen zugreifen. So verliert man sehr schnell den Blick für das Wesentliche.

Daher muss unbedingt der Umgang mit den Medien reguliert werden. Die Informationsflut darf nicht die eigene Leistungsfähigkeit untergraben.

	Maßnahmen	Erledigt?
1		
2		

66. Wie Sie mit anderen Menschen in Kontakt treten

Verteilen Sie Ihre Korrespondenz nicht über den gesamten Arbeitstag. Reservieren Sie sich einen bestimmten Zeitraum, wo Sie einen Kontakt nach dem anderen erledigen.

Welche Maßnahmen haben Sie konkret geplant?

	Maßnahmen	Erledigt?
1		
2		
3		
4		
5		

Ergänzungen / Notizen

67. Sammeln Sie Ihre Post

Sammeln Sie Ihre Post in einer speziellen Sammelmappe. So haben Sie alle Unterlagen zusammen. Dies gilt natürlich auf für die digitale Kommunikation. Erzeugen Sie separate Verzeichnisse oder Ordner für einzelne Vorgänge.

Welche Maßnahmen haben Sie konkret geplant?

	Maßnahmen	Erledigt?
1		
2		
3		
4		
5		

Ergänzungen / Notizen

68. Nehmen Sie sich für jeden Kontakt genügend Zeit

Bereiten Sie jeden wichtigen Kontakt gesondert vor. Machen Sie sich zunächst Stichpunkte, die alle in der nachfolgenden Korrespondenz abgearbeitet werden müssen. Machen Sie von jeder Korrespondenz eine Kopie und legen Sie diese zu dem jeweiligen Vorgang ab. Nach wenigen Tagen werden Sie sich nicht mehr an den Inhalt erinnern. Bei Rückfragen sind Sie mit einer Kopie des Inhalts immer im Bilde.

Welche Maßnahmen haben Sie konkret geplant?

	Maßnahmen	Erledigt?
1		
2		
3		
4		
5		

Ergänzungen / Notizen	

69. Textbausteine und Sekretariat

Wenn Sie ein Sekretariat unterstützt, diktieren Sie einfache Routinebriefe direkt auf ein Diktiergerät. Dabei muss nicht der gesamte Text vorgegeben werden. Vielmehr sollten Sie sich nur auf die Kernaussage beschränken. Anrede, Anschrift und sonstige Floskeln werden vom Sekretariat erledigt. Erledigen Sie die Korrespondenz selbst, dann setzen Sie Textbausteine und Vorlagen ein.

Welche Maßnahmen haben Sie konkret geplant?

	Maßnahmen	Erledigt?
1		
2		
3		
4		
5		

Ergänzungen / Notizen

70. Die richtige Wiedervorlage

Eine wesentliche Voraussetzung für ein Arbeiten nach Prioritäten, sowie für einen aufgeräumten, stapelfreien Schreibtisch ist das Arbeiten mit einer gut strukturierten Wiedervorlage, die für jeden nachvollziehbar ist.

Viele Vorgänge haben keinen durchgängigen Arbeitsprozess von einem Tag, sondern erstrecken sich über längere Zeiträume, um sie abschließend zu bearbeiten. Ein System zur Wiedervorlage von Vorgängen stellt sicher, dass exakt zum gewünschten Zeitpunkt der gewünschte Mitarbeiter den Vorgang erhält. Dies gilt natürlich auch für Ihren digitalen Arbeitsplatz.

Welche Maßnahmen haben Sie konkret geplant?

	Maßnahmen	Erledigt?
1		
2		
3		
4		
5		

Ergänzungen / Notizen	

71. Richtig zuhören

Richtig zuhören ist die Grundlage effektiven Kommunizierens. Oft werden durch Missverständnisse falsche Inhalte transportiert, die zu unnötigen Störungen führen. Bekommen Sie in einem Gespräch viele wichtige Informationen, so notieren Sie alle wichtigen Details. Bereiten Sie sich auf ein wichtiges Gespräch gründlich vor. Haben Sie etwas nicht verstanden, so fragen Sie nach. Vermeiden Sie umständliche Formulierungen, ständige Wiederholungen.

Welche Maßnahmen haben Sie konkret geplant?

	Maßnahmen	Erledigt?
1		
2		
3		
4		
5		

Ergänzungen / Notizen

72. Besprechungen optimal nutzen

Wir befinden uns im Zeitalter der Sitzungen, Konferenzen und Besprechungen. Sie erlauben die unmittelbare Kommunikation und gestatten den persönlichen Kontakt. Durch diese direkte Kommunikation werden Missverständnisse vermieden und wichtige Entscheidungen getroffen.

Oftmals sind Besprechungen und Sitzungen nicht so effektiv, wie sie es eigentlich sein sollten. Oft geht die Hälfte der Zeit durch private Gespräche, persönliche Konflikte, verspäteten Beginn und durch Fehlen einer detaillierten Tagesordnung verloren.

Schon im Vorfeld einer Besprechung kann die Effektivität gelenkt werden. Der erste Schritt ist das prüfen, ob diese Sitzung überhaupt nötig ist. Oft wird eine Sitzung aus Gewohnheit einberufen und nicht aus dringendem Entscheidungsdruck heraus. Oft genügt auch eine Nachricht an alle Beteiligten, die dann entsprechend Ihren Kommentar abgeben können.

Welche Maßnahmen haben Sie geplant?

	Maßnahmen	Erledigt?
1		
2		

73. Der perfekte Umgang mit der Tagesordnung

Ohne eine Tagesordnung kann kaum ein vernünftiger Ablauf einer Sitzung gewährleistet werden. Die Teilnehmer kommen unvorbereitet in die Besprechung und können nur bedingt konstruktiv daran teilnehmen. Ohne Tagesordnung ist das Zusammenkommen kaum in gelenkte Bahnen zu führen.

Eine Tagesordnung muss nicht umfangreich sein. Stichpunktartig werden alle zu behandelnden Themen aufgezählt. Dabei ist die Reihenfolge ausschlaggebend. Legen Sie die Zeit für jeden Punkt fest. Als Sitzungsleiter achten Sie dabei auf die peinlich genaue Einhaltung der Tagesordnung und der für jeden Punkt angesetzten Zeit.

Welche Maßnahmen haben Sie konkret geplant?

	Maßnahmen	Erledigt?
1		
2		
3		
4		
5		

74. Eine echte Alternative: Online-Meetings

Die heutige Technik bietet viele neue Alternativen an, um klassische Zeitfresser zu ersetzen. So kann heute problemlos eine Sitzung einfach durch ein Online-Meeting ersetzt werden. Hierdurch können Ressourcen eingespart werden. Dabei bedarf es bei kleineren Online-Meetings nur eine minimale technische Ausstattung, die heute fast jedes Notebook bietet.

So lassen sich Reisekosten und ausfallende Arbeitszeiten im großen Rahmen einsparen. Hinzu kommt der enorme Zeitgewinn für alle Beteiligten. In kürzester Zeit lassen sich so wichtige Entscheidungen treffen, für die man bisher viele Stunden benötigte. Selbst per WhatsApp, Facebook & Co. lassen sich kleinere Online-Meetings abhalten.

Welche Maßnahmen haben Sie konkret geplant?

	Maßnahmen	Erledigt?
1		
2		
3		
4		
5		

Tipps für die Nutzung von Telefon und E-Mail

Jeder von uns verbringt viel Zeit mit dem Telefonieren und dem Nachrichtenaustausch via E-Mail oder WhatsApp. Man ist heute durch neue Technologien zu jedem Zeitpunkt erreichbar. Dies hat natürlich auch seine Kehrseiten. Sie haben kaum noch ein Privatleben und können zu jedem Zeitpunkt gestört werden.

Ähnlich verhält es sich bei elektronischen Nachrichten. Sie öffnen Ihr E-Mail-Konto und es erwartet Sie eine riesige Anzahl von unbeantworteten Nachrichten. Dabei haben die elektronischen Nachrichten das private und geschäftliche Umfeld maßgeblich verändert. Plötzlich gelangen Informationen innerhalb weniger Sekunden von einem Punkt zum anderen. Entsprechend wurden Arbeitsabläufe deutlich beschleunigt.

Doch die Flut der Nachrichten ist besonders in den letzten Jahren dramatisch angestiegen. Heute verbringen viele Menschen sehr viel Zeit mit dem Schreiben und Beantworten von E-Mails. Doch genau diese Zeit wird eigentlich für wichtige Dinge gebraucht. Daher gibt es einige Vorgehensweisen, wie Sie mit der Informationsflut umgehen können.

75. Wie viele Nachrichten bearbeiten Sie täglich?

Viele Telefonate und Nachrichten sind unnötig oder sie werden nicht optimal geführt. Wissen Sie eigentlich wie viele Telefonate Sie täglich führen und wie viele digitale Nachrichten auf Ihrem Account erscheinen? Anhand einer kleinen Liste sollten Sie einfach für einige Tage Ihre Anrufe protokollieren. So bekommen Sie sehr schnell einen Überblick über die verwendete Zeit.

Welche Maßnahmen haben Sie konkret geplant?

	Maßnahmen	Erledigt?
1		
2		
3		
4		
5		

Ergänzungen / Notizen	

76. Grundsätzlicher Umgang mit dem Telefon

Überlegen Sie sich grundsätzlich, wann Sie erreichbar sind und wann Sie wichtige Arbeiten erledigen wollen und somit nicht gestört werden wollen? Zu welcher Zeit kann ich wichtige Partner erreichen? Zu den üblichen Geschäftszeiten sind Ihre Partner mit einer hohen Wahrscheinlichkeit zu erreichen, aber auch Anrufe für Sie werden zu diesen Zeiten am häufigsten eintreffen. Die meisten Anrufe finden zwischen 9.00 Uhr - 12.00 Uhr und 15.00 - 17.00 Uhr statt.

Welche Maßnahmen haben Sie konkret geplant?

	Maßnahmen	Erledigt?
1		
2		
3		
4		
5		

	Ergänzungen / Notizen

77. Arbeiten oder telefonieren?

Das sind wahrscheinlich genau die Zeiten, zu denen Sie am effektivsten arbeiten und Ihre Leistungskurve Ihre Höhen erreicht. Effektives, konzentriertes Arbeiten versus Telefonieren - was tun?

Handelt es sich bei Ihrer Tätigkeit um eine Aufgabe, die sehr vom direkten Kontakt lebt, so nutzen Sie die Zeiten Ihres Leistungshoch tatsächlich zum Telefonieren. Wollen Sie in "Telefonzeiten" ungestört bei Ihrer anderen Arbeit bleiben, können Sie beispielsweise Ihren Anrufbeantworter als Auffangbecken für ankommende Anrufe benutzen oder Ihr Telefon umstellen. Lassen Sie eventuell ganz wichtige Anrufe durchstellen.

Welche Maßnahmen haben Sie konkret geplant?

	Maßnahmen	Erledigt?
1		
2		
3		
4		
5		

78. Zeitsparen beim Telefonieren

Jeder Anruf ist eine Unterbrechung bei der täglichen Arbeit. Sie bereiten sich vor, telefonieren eine bestimmte Zeit und bereiten das Gesprächsergebnis nach. Bei häufigen Anrufen sind Sie kaum in der Lage, einen längeren Zeitraum hinweg intensiv an einer Aufgabe zu arbeiten.

Legen Sie mehrere Telefonate zusammen. Reservieren Sie sich eine bestimmte Zeitspanne, in der Sie Ihre Anrufe führen. Sie werden sehen, in kürzester Zeit werden Ihre Gespräche kürzer, Sie kommen schneller zur Sache und konzentrieren sich ausschließlich auf das jeweilige Telefonat.

Welche Maßnahmen haben Sie konkret geplant?

	Maßnahmen	Erledigt?
1		
2		
3		
4		
5		

79. Vorbereitung ist die halbe Miete

Nicht nur die Planung der zu führenden Gespräche, sondern auch die Vorbereitung auf jedes Gespräch ist wichtig. Jedes wichtige Gespräch stellt meist höhere Anforderungen, als man vorher annimmt. Immer ergeben sich unerwartete Aspekte, spontane Fragen, Einwände oder Widerstände. Je gründlicher Sie sich mit dem anstehenden Gespräch beschäftigen, desto sicherer treten Sie auf und werden mit unvorhersehbaren Wendungen fertig.

Welche Maßnahmen haben Sie konkret geplant?

	Maßnahmen	Erledigt?
1		
2		
3		
4		
5		

Ergänzungen / Notizen	

80. Erstellen Sie eine Telefonnotiz

Verwenden Sie ein Formblatt, eine Telefonnotiz oder eine Notizfunktion auf Ihrem Rechner oder Smartphone. Füllen Sie wirklich alle Punkte aus. Möglichst schon während des Gespräches, da Sie bereits nach wenigen Minuten bestimmt die ersten Details vergessen haben. Halten Sie alle wichtigen Unterlagen zu dem Gespräch griffbereit. Natürlich können Sie eine Telefonnotiz auch in digitaler Form erstellen.

Welche Maßnahmen haben Sie konkret geplant?

	Maßnahmen	Erledigt?
1		
2		
3		
4		
5		

Ergänzungen / Notizen

81. E-Mails kontrolliert nutzen

Vermeiden Sie permanent auf eingehende Nachricht zu reagieren. Nicht jede Anfrage per Mail muss augenblicklich beantwortet werden. Bei den meisten Nachrichten genügt es, wenn Sie innerhalb von 24 Stunden beantwortet werden.

Welche Maßnahmen haben Sie konkret geplant?

	Maßnahmen	Erledigt?
1		
2		
3		
4		
5		

Ergänzungen / Notizen

82. Schalten Sie Ihren E-Mail-Client ab

Schalten Sie bei Ihrem E-Mail-Client den ständigen Abruf von Nachrichten ab.

Welche Maßnahmen haben Sie konkret geplant?

	Maßnahmen	Erledigt?
1		
2		
3		
4		
5		

Ergänzungen / Notizen	

83. Erst die wichtigen Aufgaben, dann mailen

Beantworten Sie Ihre E-Mails nicht in einer Zeit, in der Sie die wichtigsten Aufgaben erledigen könnten.

Welche Maßnahmen haben Sie konkret geplant?

	Maßnahmen	Erledigt?
1		
2		
3		
4		
5		

Ergänzungen / Notizen	

84. Jede Nachricht nur einmal anfassen

Fassen Sie jede Nachricht nur einmal an. Entweder Sie beantworten die E-Mail oder sie wird gelöscht oder wird in das Archiv geschoben.

Welche Maßnahmen haben Sie konkret geplant?

	Maßnahmen	Erledigt?
1		
2		
3		
4		
5		

Ergänzungen / Notizen

85. Telefon statt E-Mail

Komplexe Sachverhalte lassen sich meist nur sehr schwierig mit einer E-Mail beantworten. Daher sollten Sie in diesem Fall einfach zum Telefon greifen.

Welche Maßnahmen haben Sie konkret geplant?

	Maßnahmen	Erledigt?
1		
2		
3		
4		
5		

Ergänzungen / Notizen

86. Signatur und Textbausteine

Auch Sie selbst können für die Eindämmung der Informationsflut sorgen. Anhand von einigen Grundregeln können Sie zumindest in Ihrem näheren Umfeld für eine bessere Kommunikation per E-Mail sorgen: Arbeiten Sie mit Signaturen und vorgefertigten Textbausteinen, die Sie individuell zusammenstellen können. So lassen sich Antworten wesentlich schneller abarbeiten. Versenden Sie kurze und knappe Nachrichten, um schnell auf den eigentlichen „Punkt" der Nachricht zu kommen.

Welche Maßnahmen haben Sie konkret geplant?

	Maßnahmen	Erledigt?
1		
2		
3		
4		
5		

Ergänzungen / Notizen	

87. Eindeutige Betreffzeile

Sorgen Sie durch eine eindeutige Betreffzeile für eine schnellere Weiterbearbeitung bei Ihrem Empfänger. Versenden Sie nur Nachrichten, wenn Sie auch tatsächlich etwas mitzuteilen haben. Überflüssige E-Mails sind unproduktiv und halten andere Menschen nur von den wichtigen Dingen ab.

Welche Maßnahmen haben Sie konkret geplant?

	Maßnahmen	Erledigt?
1		
2		
3		
4		
5		

Ergänzungen / Notizen	

88. Übersichtlich und klar

Gestalten Sie Ihre Nachricht übersichtlich und klar gegliedert. Vermeiden Sie die Anhäufung von unterschiedlichen Formatierungen, Schriften und Farben innerhalb Ihres Textes. Hier ist weniger einfach mehr.

Welche Maßnahmen haben Sie konkret geplant?

	Maßnahmen	Erledigt?
1		
2		
3		
4		
5		

Ergänzungen / Notizen

Tipps für die zeitsparende Nutzung der sozialen Netze

Zunehmend sind die Menschen in den sozialen Netzen unterwegs. Entsprechend muss diese Zeit im Alltag bzw. im beruflichen Umfeld berücksichtigt werden. Längst gehört das aktive Agieren in den sozialen Netzen zum festen Bestandteil des privaten und geschäftlichen Lebens. Dennoch sollten Sie einige Regel befolgen, um nicht zu viel Zeit in den Netzen zu verbringen.

Welche Maßnahmen haben Sie konkret geplant?

	Maßnahmen	Erledigt?
1		
2		
3		
4		
5		

Ergänzungen / Notizen

89. Feste Termine definieren

Legen Sie ausgesuchte Zeiten für die Kommunikation in den sozialen Netzwerken fest. Dabei sollten Sie unbedingt ein Zeitlimit festlegen, damit Sie nicht den ganzen Tag in den sozialen Netzen verbringen und die eigentliche Arbeit bleibt liegen.

Welche Maßnahmen haben Sie konkret geplant?

	Maßnahmen	Erledigt?
1		
2		
3		
4		
5		

Ergänzungen / Notizen	

90. Nicht in der besonders leistungsstarken Zeit

Zu den wichtigen Zeiten am Tage, an denen Sie besonders leistungsstark sind, sollten Sie sich nicht unbedingt in den sozialen Netzwerken aufhalten. Hier sind wichtigere und relevante Aufgaben vorzuziehen. Nutzen Sie für den Besuch bei Facebook & Co. eher die Zeiten, in denen Ihre persönlichen Parameter etwas schwächer ausfallen.

Welche Maßnahmen haben Sie konkret geplant?

	Maßnahmen	Erledigt?
1		
2		
3		
4		
5		

Ergänzungen / Notizen	

91. Automatisieren Sie Abläufe

Es gibt eine Reihe von Werkzeugen, mit denen Sie Standardaufgaben automatisieren können. Nutzen Sie diese Möglichkeit im Bereich Social Media durch den geschickten Einsatz von automatischen Werkzeugen deutlich Zeit zu sparen. So lassen sich beispielsweise aktuelle Blogbeiträge mit entsprechenden Tools umgehend unter Facebook oder Twitter veröffentlichen.

Wer sich im Internet etwas umsieht, wird diverse Apps, Tools und PlugIns entdecken, die Ihnen die Arbeit in den sozialen Netzen deutlich erleichtern. Allerdings sollten Sie es nie übertreiben. Wer ausschließlich Meldungen automatisch in die Communities versendet, wird nie einen wirklichen Kontakt zu der virtuellen Gemeinde aufbauen können.

Welche Maßnahmen haben Sie konkret geplant?

	Maßnahmen	Erledigt?
1		
2		
3		
4		
5		

92. Beiträge termingerecht versenden

Eine etwas vereinfachte und doch nützliche Form der Automatisierung ist der Einsatz von speziellen Werkzeugen, die einen termingenauen Versand von beliebigen Meldungen unter Facebook, Twitter, Instagram, Google+ und vergleichbaren Plattformen ermöglichen. Die Rede ist von Tools wie Tweetdeck oder Hootsuite. Diese sind in der Lage, von Ihnen vorgefertigte Meldungen zu einem definierten Zeitpunkt auf den Weg zu bringen. So können Sie sich verstärkt auf andere wichtige Dinge konzentrieren.

Welche Maßnahmen haben Sie konkret geplant?

	Maßnahmen	Erledigt?
1		
2		
3		
4		
5		

Ergänzungen / Notizen	

93. Meldungen zu einem späteren Zeitpunkt lesen

Es ist kaum möglich, die unzähligen Nachrichten in den sozialen Netzen permanent zu verfolgen. Wer wirklich jede wichtige Meldung verfolgen will, muss rund um die Uhr auf den unterschiedlichen Plattformen seine Zeit verbringen. Dies ist natürlich nicht realistisch und absolut unproduktiv.

Längst können Sie bei Blogs und anderen Webseiten Informationen einfach per RSS-Feed abrufen und dann zu einem späteren Zeitpunkt über einen speziellen Feed Reader (z.B. feedly.com) lesen. Sie abonnieren bestimmte Seiten, Nutzer oder Kanäle und lesen dann die einzelnen Beiträge zu einem günstigen Zeitpunkt.

Vergleichbare Lösungen gibt es auch für fast jede Plattform und jegliche Art von Medium. Auch eine Reihe von kostenlosen Apps bieten diese Art von Service (z.B. Instapaper.com oder Getpocket.com) an. So können sie auf fast jeder Plattform (Desktop, Tablet oder Smartphone) die betreffenden Meldungen und Nachrichten lesen.

Welche Maßnahmen haben Sie geplant?

	Maßnahmen	Erledigt?
1		
2		

94. Notieren Sie sich Ideen für Beiträge

Die sozialen Netze leben von den aktuellen Beiträgen, die täglich auf der ganzen Welt verfasst werden. Dabei leben Plattformen davon, dass jeder Teilnehmer nicht nur Konsument von den Informationen ist, sondern selbst auch individuelle Inhalte beisteuert.

Häufig ist es nicht immer ganz einfach, permanent Inhalte in die Netze zu stellen, die auch die Community interessiert. Daher sollten Sie Ideen und Anregungen zu möglichen Beiträgen permanent festhalten. Die lassen sich mit einem klassischen Notizbuch oder mit einem Smartphone problemlos realisieren. Sie sparen so kostenbare Zeit, wenn Sie bei Bedarf auf diverse Ideen zurückgreifen können.

Welche Maßnahmen haben Sie konkret geplant?

	Maßnahmen	Erledigt?
1		
2		
3		
4		
5		

95. Nutzen Sie die Netze als Lieferant von Neuigkeiten

Die sozialen Netze und die dazugehörigen Plattformen sind hervorragende Lieferanten von den unterschiedlichsten Informationen. Meist liefern Twitter & Co. wesentlich schneller die relevanten Fakten zu einer wichtigen Meldung, als die klassischen Medien. Nutzen Sie diesen konkreten Informationsvorsprung für Ihre Arbeit.

Welche Maßnahmen haben Sie konkret geplant?

	Maßnahmen	Erledigt?
1		
2		
3		
4		
5		

Ergänzungen / Notizen

96. Die sozialen Netze als Problemlöser

Ob im privaten Umfeld oder auf der Arbeit, ständig müssen die unterschiedlichsten Probleme gelöst werden. Dabei ist es nicht immer ganz einfach, umgehend entsprechende Lösungen zu präsentieren. Bevor Sie stundenlang in Büchern und Zeitungsartikeln nach einer bestimmten Problemlösung suchen, fragen Sie doch einfach die Ihnen bekannte Online-Community. Häufig stoßen Sie so sehr schnell auf mögliche Lösungen. Selbst bei kleinen Dingen lässt sich so viel Zeit sparen.

Welche Maßnahmen haben Sie konkret geplant?

	Maßnahmen	Erledigt?
1		
2		
3		
4		
5		

	Ergänzungen / Notizen

Tipp 97: Rasches Auffinden von Ressourcen

Unabhängig von Ihrer Tätigkeit lassen sich über die unterschiedlichen sozialen Netze sehr schnell geeignete Ressourcen für die eigene Arbeit finden. Setzen Sie diese interessante Möglichkeit gezielt ein, um Unterstützung für die eigene Tätigkeit zu erhalten. Dieser Weg funktioniert natürlich auch sehr gut in privaten Dingen. So lässt sich teilweise sehr viel Zeit einsparen. Langwieriges Suchen entfällt gänzlich.

Welche Maßnahmen haben Sie konkret geplant?

	Maßnahmen	Erledigt?
1		
2		
3		
4		
5		

Ergänzungen / Notizen

Tipp 98: Effektive Kontaktaufnahme

Natürlich lassen sich nicht nur Ressourcen, Produkte und Dienstleistungen über die unterschiedlichen Social Media Kanäle auftreiben. Es ich auch problemlos möglich, gezielt neue Kontakte über die Netze zu finden und eine direkte Kommunikation aufzubauen. So lässt sich mit einer gezielten Nachfrage schnell die geeignete Person finden. Sie sparen sich so zeitaufwendige Recherchen, zudem können Sie in vielen Fällen auf aussagefähige Bewertungen zu einzelnen Personen und deren Leistungen zurückgreifen.

Welche Maßnahmen haben Sie konkret geplant?

	Maßnahmen	Erledigt?
1		
2		
3		
4		
5		

Ergänzungen / Notizen

Tipp 99: Nutzen Sie die Erfahrungen von anderen Teilnehmern

Entsprechend lassen sich über die unterschiedlichen Netze nicht nur Kontakte aufbauen, sondern diese besondere Kommunikation geht noch wesentlich weiter. So können Sie im direkten Dialog mit Teilnehmern auf den verschiedenen Plattformen konkrete Lösungen erarbeiten. Nutzen Sie diesen hervorragenden Weg, um völlig orts- und zeitunabhängig auf ein Pool von Wissen zuzugreifen. Sie sparen in der Regel Zeit und Geld.

Welche Maßnahmen haben Sie konkret geplant?

	Maßnahmen	Erledigt?
1		
2		
3		
4		
5		

Ergänzungen / Notizen

Tipp 100: Wenden Sie diese Tipps auch wirklich an

Befolgen Sie alle vorgestellten Ratschläge. Dabei bleibt es Ihnen überlassen, Tipp für Tipp abzuarbeiten oder nur einzelne Ratschläge für sich einzusetzen.

Welche Maßnahmen haben Sie konkret geplant?

	Maßnahmen	Erledigt?
1		
2		
3		
4		
5		

Ergänzungen / Notizen	

Weitere Titel und Angebote

An dieser Stelle haben wir einige Produkte zusammengestellt, die andere Käufer ebenfalls für interessant hielten.

Biohacking für das Gehirn

Funktioniert Gehirnjogging oder Biohacking tatsächlich? Kann das menschliche Gehirn und das damit verbundene Gedächtnis positiv beeinflusst und somit die Leistungsfähigkeit gesteigert werden? Die klare Antwort lautet: Ja. Es gibt eine Vielzahl von Möglichkeiten, auf die eigenen geistigen Fähigkeiten Einfluss zu nehmen.

ASIN (eBook): **B07HJS9D41**

Hinweis: Jetzt auch als Taschenbuch (ISBN): **1723882097**

Besser Schlafen lernen

Die beste Idee oder die tollste Innovation lassen sich nicht vermitteln, wenn diese mit einer schlechten Präsentation dargeboten wird. Im Zeitalter eines ständig wachsenden Informationsangebotes und einer permanenten Reizüberflutung wird es für Sie immer wichtiger, Ihrem Publikum in kürzester Zeit die wesentlichen Informationen zu vermitteln.

Grundsätzlich ist es ein langer Weg bis zum absoluten Präsentations-Profi. Hier gilt die alte Weisheit: „Übung macht den Meister". Versuchen Sie permanent an Ihren Fähigkeiten im Zusammenhang mit dem Präsentieren zu arbeiten. Diese 100 Tipps bieten eine Fülle an Ansätzen für die persönliche Verbesserung. Nutzen Sie diese Chance.

ASIN (eBook): **B07PWMTMXQ**

Hinweis: Jetzt als Taschenbuch (ISBN): **9781091148956**

Glücklichsein im Leben

Bisher gibt es keine einheitliche Aussage, wie jeder Mensch sein persönliches Glück langfristig erreicht. Die folgenden Tipps und Anregungen stellen daher in erster Linie praxisnahe Maßnahmen dar, um das eigne Glücklichsein zu entdecken und zu verstärken. Wie Sie die vorliegenden Ratschläge anwenden, ist Ihnen überlassen, zumal jeder Mensch eine andere Auffassung und Erwartungshaltung für sein individuelles Glück besitzt.

Die folgenden Tipps und Anregungen stellen daher in erster Linie praxisnahe Maßnahmen dar, um das eigne Glücklichsein zu entdecken und zu verstärken.

ASIN (eBook): **B00SZJ68HW**

Hinweis: Jetzt auch als Taschenbuch (ISBN): **In Kürze**

Mehr Selbstbewusstsein

Es geht es um die eigene Akzeptanz der persönlichen Stärken und Schwächen. Das eigene Selbstbewusstsein wird von der persönlichen Wahrnehmung der eigenen Person bestimmt. Dies gilt es zu verbessern. Grundsätzlich ist die Frage nach dem persönlichen Selbstwert eine äußerst subjektive Angelegenheit.

Durch positive und negative Erfahrungen kommt jeder Mensch aufgrund seiner eigenen Stärken und Schwächen zu einem sehr unterschiedlichen Ergebnis. Oft werden durch äußere Einflüsse gute Eigenschaften in den Hintergrund gedrängt.

ASIN (eBook): **B00MW3WVLE**

Hinweis: Jetzt auch als Taschenbuch (ISBN): **In Kürze**

Effektivität im Leben

Frei nach dem Motto „Die richtigen Dinge tun und die Dinge richtig tun" bekommen Sie auf den nächsten Seiten viele Anregungen, wie Sie bestimmte Situationen in Ihrem Leben besser meistern können. Die Tipps sind in unterschiedliche Bereiche unterteilt, um einen besseren Überblick zu bekommen. Sie finden Anregungen in den Bereichen Arbeitsumfeld, Glück und Zufriedenheit, effektives Lernen sowie Gesundheit und Fitness.

Frei nach dem Motto „Die richtigen Dinge tun und die Dinge richtig tun" bekommen Sie auf den nächsten Seiten viele Anregungen, wie Sie bestimmte Situationen in Ihrem Leben besser meistern können.

ASIN (eBook): **B00P1SRMAC**

Hinweis: Jetzt auch als Taschenbuch (ISBN): **In Kürze**

Besser Schlafen lernen

Die beste Idee oder die tollste Innovation lassen sich nicht vermitteln, wenn diese mit einer schlechten Präsentation dargeboten wird. Im Zeitalter eines ständig wachsenden Informationsangebotes und einer permanenten Reizüberflutung wird es für Sie immer wichtiger, Ihrem Publikum in kürzester Zeit die wesentlichen Informationen zu vermitteln.

Grundsätzlich ist es ein langer Weg bis zum absoluten Präsentations-Profi. Hier gilt die alte Weisheit: „Übung macht den Meister". Versuchen Sie permanent an Ihren Fähigkeiten im Zusammenhang mit dem Präsentieren zu arbeiten. Diese 100 Tipps bieten eine Fülle an Ansätzen für die persönliche Verbesserung. Nutzen Sie diese Chance.

ASIN (eBook): **B07PWMTMXQ**

Hinweis: Jetzt als Taschenbuch (ISBN): **9781091148956**

Wie hat Ihnen dieses Buch gefallen?

Unser kleines Team von Spezialisten ist bereits seit 1993 als Redaktionsbüro für die unterschiedlichsten Medien tätig. Bereits zu Beginn der Arbeit gehörte die Veröffentlichung von diversen Fachbüchern dazu.

Daher werden wir diesen Titel weiterhin pflegen und erweitern. Wir freuen uns über Ihre Meinung. Schreiben Sie uns an ebookguide@t-online.de oder an ebook@ebookblog.de mit dem Betreff „100 Tipps für mehr Zeit für sich".

Unser Tipp: Beachten Sie bitte unseren Update-Service für diesen Titel!

Hinweis in eigener Sache, Rechtliches, Impressum

Der vorliegende Titel wurde mit großer Sorgfalt erstellt. Dennoch können Fehler nicht vollkommen ausgeschlossen werden. Der Autor und das Team von www.ebookguide.de übernehmen daher keine juristische Verantwortung und keinerlei Haftung für Schäden, die aus der Benutzung dieses Buches der Teilen davon entstehen. Insbesondere sind der Autor und das Team von www.ebookguide.de nicht verpflichtet, Folge- oder mittelbare Schäden zu ersetzen.

Gewerbliche Kennzeichen- und Schutzrechte bleiben von diesem Titel unberührt.

Das Werk einschließlich aller Teile ist urheberrechtlich geschützt. Alle Rechte, auch die der Übersetzung, des Nachdrucks und der Vervielfältigung dieses Titels oder von Teilen daraus, verbleiben bei der W. LINDO Marketingberatung (Redaktionsbüro Lindo). Ohne die schriftliche Einwilligung der W. LINDO Marketingberatung (Redaktionsbüro Lindo) darf kein Teil dieses Dokumentes in irgendeiner Form oder auf irgendeine elektronische oder mechanische Weise für irgendeinen Zweck vervielfältigt werden.

Das vorliegende E-Book ist ausschließlich für die eigene, private Verwendung bestimmt.

Cover-Foto: © Andrey Zyk - Fotolia.com

Facebook, Twitter und andere Markennamen, Warenzeichen, die in diesem E-Book verwendet werden, sind Eigentum Ihrer rechtmäßigen Eigentümer. Alle Warennamen werden ohne Gewährleistung der freien Verwendbarkeit benutzt und sind möglicherweise eingetragene Warenzeichen. Der Verlag richtet sich im Wesentlichen nach den Schreibweisen der Hersteller.

Vielen Dank

Wilfred Lindo

Internet: http://www.biohacking24.de

Twitter: http://www.twitter.com/ebookguide

Facebook: https://www.facebook.com/streamingz.de

NEU: Die Seite zu smarten Lösungen: www.smartwatchz.de

Herausgegeben von:

ebookblog.de / ebookguide.de

Redaktionsbüro Lindo

Dipl. Kom. Wilfred Lindo

12349 Berlin

© 2019 by Wilfred Lindo Marketingberatung / Redaktionsbüro Lindo

E-Book-Produktion und -Distribution

Redaktionsbüro Lindo

Scan mich! Weitere Ratgeber, die ebenfalls für Sie interessant sind! Unter **Biohacking24.de**

Aktuelles zum Titel

Eine Besonderheit dieses eBooks ist die regelmäßige Weiterentwicklung. Mit neuen Updates bei den verschiedenen Plattformen kommen auch neue Funktionen und Anwendungen auf Sie zu. Daher erhalten Sie in regelmäßigen Abständen zu diesem Buchtitel ebenfalls entsprechende Updates.

Dabei existieren einige Grundvoraussetzungen, um stets in den Genuss der aktuellsten Version des vorliegenden eBooks zu kommen. Diese Bedingungen sind allerdings bei jeder Angebotsplattform verschieden:

Amazon: Über die sogenannte *Buchaktualisierung* lassen sich Updates, die der betreffende Autor von seinem Titel eingespielt hat, automatisch über das Kindle-System einspielen. Um in den Genuss dieses Updates zu kommen, müssen Sie allerdings über Ihr Kindle-Konto die *Buchaktualisierung* einschalten. Sie ist standardmäßig nicht aktiv.

Webseite: Wir informieren Sie über unsere Webseite über aktuelle Updates unserer Titel.

Update-Service

Beachten Sie bitte unseren **Update-Service** für diesen Titel! Scan mich!

Bildnachweis

Bilder, die nicht gesondert aufgeführt werden, unterliegen dem Copyright des Autors.

Historie

Aktuelle Version 2.03

www.ingramcontent.com/pod-product-compliance
Lightning Source LLC
Chambersburg PA
CBHW072209170526
45158CB00002BA/520